NO TE CONFORMES

Luis Eduardo González Loaiza

ISBN: 9798387646478

CONTENIDO

AGRADECIMIENTOS

En nombre de Luis Eduardo González Loaiza, autor de "No te conformes", queremos expresar nuestro agradecimiento a todos aquellos que han apoyado y creído en este proyecto.

Agradecemos a los lectores que han tomado el tiempo para leer y poner en práctica los consejos y enseñanzas del libro. Esperamos que hayan encontrado inspiración y motivación para perseguir sus metas y alcanzar el éxito en sus vidas.

También queremos agradecer a los críticos y revisores que han brindado sus comentarios constructivos y han ayudado a mejorar el contenido del libro.

Y por último, pero no menos importante, agradecemos a todas las personas que han formado parte del proceso de creación de este libro, incluyendo a los editores, diseñadores, publicistas y demás profesionales involucrados en su producción.

Gracias a todos por su apoyo y por ser parte de esta emocionante aventura hacia el éxito y la superación personal. ¡No se conformen y luchen por sus sueños!

CAPÍTULO 1:

EL AUTOANÁLISIS COMO CLAVE PARA LA SUPERACIÓN PERSONAL

Quiero comenzar este libro de superación personal haciendo una aclaración importante. El hecho de que redacte este libro motivacional o comparta mensajes de éxito con el objetivo de inspirar y ayudar a las personas a alcanzar sus metas y sueños, no significa que tenga todo resuelto en mi vida, ni que conozca todas las respuestas. Soy una persona que se levanta cada día dispuesta a enfrentar sus demonios y hacer su mejor esfuerzo para avanzar hacia sus objetivos, aunque a veces cometa errores o fracase.

Dicho esto, me gustaría enfocar este primer capítulo en un tema fundamental para cualquier proceso de superación personal: el autoanálisis. En mi experiencia, una de las claves para lograr nuestras metas y ser felices es saber en qué punto nos encontramos actualmente y hacia dónde queremos dirigirnos. Y esto solo es posible si hacemos una pausa en nuestras vidas para reflexionar sobre quiénes somos, qué queremos y qué estamos haciendo para lograrlo.

El autoanálisis puede ser un proceso profundo y desafiante, pero también puede ser muy gratificante y transformador. En primer lugar, implica cuestionarnos en serio sobre la vida que estamos llevando. ¿Estamos viviendo la vida que realmente queremos vivir? ¿O estamos conformándonos con lo que nos han dicho que es lo correcto, o lo que se espera de nosotros?

Esta pregunta puede llevarnos a reflexionar sobre aspectos importantes de nuestra vida, como nuestras relaciones personales, nuestro trabajo, nuestras aficiones y pasatiempos, nuestras metas y objetivos a largo plazo, entre otros. A veces, nos damos cuenta de que estamos viviendo una vida que no es la nuestra, sino la que otros han decidido por nosotros. Y este es el momento de tomar acción y decidir qué queremos cambiar.

Una herramienta útil para este proceso es hacer un autoanálisis en papel. Puedes tomar una hoja y dividirla en tres columnas: "Dónde estaba ayer", "Dónde estoy hoy" y "Dónde quiero estar mañana". En la primera columna, escribe sobre cómo era tu vida en el pasado, qué cosas te gustaban y qué no, qué logros habías alcanzado, qué errores habías cometido, entre otros aspectos relevantes.

En la segunda columna, escribe sobre tu situación actual. ¿Cómo es tu vida ahora? ¿Estás feliz con ella? ¿Hay algo que te gustaría cambiar? ¿Cuáles son tus fortalezas y debilidades actuales?

En la tercera columna, piensa en qué quieres lograr en el futuro y cómo quieres que sea tu vida en el largo plazo. Este es un ejercicio de visualización muy poderoso, que te ayudará a enfocarte en tus objetivos y motivarte para trabajar en ellos.

Al hacer este autoanálisis, es importante ser honesto contigo mismo y no juzgarte demasiado duramente. Recuerda que este es un proceso para ayudarte a crecer y avanzar, no para hacerte sentir mal. Además, puedes hacer este ejercicio de forma periódica, para ir ajustando tus objetivos y tu visión a medida que avanzas en tu camino.

En resumen, el autoanálisis es una herramienta fundamental para cualquier proceso de superación personal.

Además de ayudarnos a cuestionar la vida que estamos llevando y definir nuestros objetivos, tomarnos un tiempo para reflexionar también tiene otros beneficios importantes. En primer lugar, nos ayuda a tomar conciencia de nuestro presente y a valorar lo que tenemos. A veces, estamos tan enfocados en alcanzar nuestras metas y objetivos que nos olvidamos de disfrutar del camino y de las cosas buenas que ya tenemos en nuestra vida.

En segundo lugar, la reflexión nos ayuda a tomar decisiones más conscientes y fundamentadas. Cuando sabemos lo que queremos y hacia dónde queremos ir, podemos tomar decisiones que estén alineadas con nuestros objetivos y que nos acerquen más a ellos. En cambio, cuando no tenemos una visión clara de lo que queremos, podemos tomar decisiones impulsivas o equivocadas que nos alejen de nuestros objetivos.

En ocasiones, nos engañamos a nosotros mismos creando afirmaciones a diario que nos hacen pensar que todo está bien, cuando en realidad no es así. Nos damos palmaditas en la espalda para sentirnos mejor, pero esto solo es un engaño temporal. Al evitar la confrontación con nuestros verdaderos sentimientos y emociones, estamos creando una barrera que nos impide realizar un autoanálisis honesto y profundo. Es importante que seamos sinceros con nosotros mismos y que aceptemos nuestras debilidades y fallas, sin juzgarnos ni culparnos. Solo así podremos identificar las áreas de nuestras vidas que necesitan ser mejoradas y tomar medidas para alcanzar nuestras metas y objetivos.

En el siguiente capítulo hablaremos sobre la zona de confort como uno de los mayores obstáculos en nuestro camino a la superación personal.

CAPÍTULO 2:

ZONA DE CONFORT

El conformismo es el primer obstáculo que debemos superar si queremos realizar un autoanálisis honesto y profundo. La sociedad en la que vivimos nos empuja a seguir ciertos patrones y creencias preestablecidos, y muchas veces nos vemos atrapados en una rutina que no nos permite cuestionar nuestras acciones y pensamientos. El conformismo nos hace aceptar lo que nos rodea sin crítica alguna, sin plantear preguntas incómodas y sin buscar soluciones creativas a los problemas que enfrentamos. Por lo tanto, si queremos realizar un verdadero autoanálisis, debemos liberarnos de los prejuicios y cuestionar nuestras propias creencias, desafiando la norma y encontrando nuestra propia verdad interior.

Sin embargo, para poder llevar a cabo un autoanálisis honesto y profundo, es necesario tener la valentía de cuestionar nuestras propias creencias y patrones de pensamiento arraigados. En muchas ocasiones, nos aferramos a ciertas ideas y formas de actuar por miedo a salir de nuestra zona de confort o por el temor a la incertidumbre que puede generar el cambio. Este miedo al cambio y a lo desconocido puede llevarnos a caer en la trampa del conformismo, renunciando a nuestro potencial y a nuestras metas por el simple hecho de no querer enfrentarnos a los desafíos que la vida nos presenta.

Por otro lado, el conformismo puede ser uno de los mayores obstáculos para nuestra superación personal. Cuando nos conformamos con una vida que no nos satisface o no nos llena, estamos renunciando a nuestros sueños y objetivos, y nos estamos conformando con una vida mediocre y limitada.

El conformismo nos hace sentir bien en nuestra zona de confort, pero nos impide crecer y experimentar nuevas cosas. Si queremos lograr nuestras metas y ser felices, es necesario que salgamos de nuestra zona de confort y enfrentemos nuestros miedos y desafíos.

Por supuesto, esto no significa que debamos buscar la perfección o que debamos estar siempre insatisfechos con lo que tenemos. El autoanálisis y la reflexión nos permiten encontrar un equilibrio entre nuestras metas y objetivos a largo plazo, y el disfrute del presente y la gratitud por lo que ya tenemos.

En conclusión, la reflexión y el autoanálisis son herramientas fundamentales para cualquier proceso de superación personal. Nos permiten cuestionar la vida que estamos llevando, definir nuestros objetivos y tomar decisiones más conscientes y fundamentadas. Por otro lado, el conformismo puede ser uno de los mayores obstáculos para nuestra superación personal, y nos impide crecer y experimentar nuevas cosas. Si queremos lograr nuestras metas y ser felices, es necesario que salgamos de nuestra zona de confort y enfrentemos nuestros miedos y desafíos.

Si estás leyendo esto, es porque probablemente estás buscando una forma de superarte a ti mismo y alcanzar tus objetivos. En este camino, es fundamental que comprendas la importancia de salir de tu zona de confort y enfrentarte a nuevos retos.

Como hemos estado hablando, la zona de confort puede ser peligrosa porque nos impide crecer y avanzar. Si te encuentras cómodo en una situación, es difícil que quieras cambiarla, aunque en el fondo sepas que hay algo más que quieres lograr o experimentar.

Por esta razón, es esencial que hagas un autoanálisis de tu vida y te preguntes si realmente estás viviendo la vida que quieres vivir. Si sientes que estás estancado o que no estás progresando, es probable que te hayas quedado atrapado en tu zona de confort.

Recuerda que salir de la zona de confort no significa que debas hacer cambios drásticos en tu vida de la noche a la mañana. Puedes comenzar por pequeñas acciones, como hablar en público, tomar un nuevo curso o enfrentarte a un miedo que hayas tenido por mucho tiempo.

Al romper con la comodidad que te brinda la zona de confort, te abrirás a nuevas oportunidades y desafíos, lo que te permitirá crecer y alcanzar tus objetivos. No te limites a ti mismo por el conformismo, elige una vida más plena y satisfactoria para ti.

Dejar la zona de confort puede ser difícil y aterrador, pero es fundamental si quieres avanzar hacia el éxito y la realización personal. Cuando sales de tu zona de confort, estás dando un primer paso importante en la dirección del cambio y del crecimiento personal.

Imaginemos a una persona que ha vivido siempre en una pequeña ciudad y ha tenido el mismo trabajo durante años. Esta persona nunca ha dejado su zona de confort por miedo a lo desconocido. Sin embargo, un día se da cuenta de que su vida se ha vuelto aburrida y monótona, y decide que quiere hacer un cambio.

Esta persona decide mudarse a una ciudad más grande y comenzar un nuevo trabajo. Al principio, puede sentirse incómoda y fuera de lugar, pero con el tiempo se adapta a su nueva vida y descubre que hay muchas más oportunidades y experiencias disponibles para ella.

Al tomar la decisión de salir de su zona de confort, esta persona se arriesgó e intentó algo nuevo, lo que le permitió crecer y avanzar en su vida. Si hubiera seguido en su zona de confort, habría seguido viviendo una vida limitada y aburrida.

Recuerda que arriesgarse e intentar cosas nuevas puede ser aterrador, pero también puede ser emocionante y gratificante. Al salir de tu zona de confort, te abres a nuevas oportunidades y experiencias que pueden enriquecer tu vida y llevarte al éxito y la realización personal. No te limites por el miedo, da el primer paso hacia el cambio y verás como el resto se irá dando poco a poco

Hablemos un poco más acerca de por qué es tan importante hacer un autoanálisis de nuestra vida. Muchas veces, nos conformamos con lo que hemos logrado hasta el momento y dejamos de buscar nuevas oportunidades o de tener metas ambiciosas. Esto puede hacernos sentir estancados y sin motivación, lo que a su vez puede llevarnos a una vida infeliz y sin propósito.

Por eso, hacer una pausa en nuestra vida y reflexionar sobre nuestra situación actual es clave para identificar si estamos viviendo la vida que realmente queremos. Si nos damos cuenta de que nos hemos conformado con muy poco, es hora de tomar medidas y salir de nuestra zona de confort.

Es cierto que dejar nuestra zona de confort puede ser difícil y hasta aterrador, pero al hacerlo, nos abrimos a nuevas oportunidades y experiencias que nos permiten crecer y avanzar hacia nuestros objetivos. Si nos hemos conformado con muy poco, es importante recordar que merecemos más y que podemos lograrlo si nos atrevemos a salir de nuestra zona de confort.

Es por eso que te animo a hacer un autoanálisis honesto de tu vida, para que puedas detectar si estás viviendo una vida limitada y conformista. Al salir de nuestra zona de confort y arriesgarnos a hacer cosas nuevas, podemos lograr el éxito y la realización personal que merecemos. No tengas miedo de arriesgarte y dar el primer paso hacia el cambio. Recuerda que todo lo que deseas está ahí fuera esperándote, solo tienes que salir a buscarlo.

Muchas personas viven sus vidas en una zona de confort, evitando los desafíos y las situaciones desconocidas que pueden causarles estrés y ansiedad. Sin embargo, esta zona de confort no es más que una prisión dorada que nos impide crecer y alcanzar nuestras metas y sueños. Si realmente queremos alcanzar el éxito, debemos estar dispuestos a salir de nuestra zona de confort y enfrentar los desafíos que la vida nos presenta. Esto no es fácil, pero es necesario para lograr la felicidad y la realización personal. Solo al enfrentarnos a nuestros miedos y salir de nuestra zona de confort podremos descubrir nuestras verdaderas fortalezas y capacidades, y aprender a superar los obstáculos que se interponen en nuestro camino."

"Todos tenemos sueños y metas que nos gustaría alcanzar, pero muchas veces nos detenemos a pensar en las dificultades y los obstáculos que se interpondrán en nuestro camino. Sin embargo, si nunca salimos de nuestra zona de confort, nunca podremos hacer realidad nuestros sueños. El éxito no llega por sí solo, sino que es el resultado de un trabajo constante y perseverante. Si queremos hacer realidad nuestros sueños, debemos estar dispuestos a trabajar duro, aprender de nuestros errores y nunca rendirnos. El camino puede ser difícil y lleno de obstáculos, pero al final del día, la satisfacción y la realización personal que sentiremos al haber alcanzado nuestras metas valdrá la pena todo el esfuerzo

CAPÍTULO 3:

RODÉATE DE LAS PERSONAS CORRECTAS

Rodearte de las personas correctas es clave para lograr el éxito en cualquier ámbito de la vida. Las personas con las que te rodeas tienen un gran impacto en tus pensamientos, tus acciones y tu motivación. Si te rodeas de personas que no tienen deseos de lograr el éxito, es muy probable que te conviertas en uno más de ellos. Por otro lado, si te rodeas de personas que te motivan, te inspiran y te desafían a ser mejor, podrás alcanzar el éxito que deseas."

A continuación, te propongo algunos ejemplos y enfatizo cómo rodearte de las personas adecuadas puede marcar la diferencia en tu camino hacia el éxito:

"Imagina que quieres emprender un negocio, pero te rodeas de personas que no creen en tus sueños y te dicen que es demasiado arriesgado. Es muy probable que te desanimes y abandones tu sueño antes de siquiera intentarlo. Por otro lado, si te rodeas de personas que te apoyan y te motivan, es más probable que te sientas inspirado y motivado para seguir adelante, incluso en momentos de incertidumbre.

Lo mismo ocurre en otros aspectos de la vida, como el deporte, la educación o la vida personal. Si quieres ser un atleta de élite, rodearte de entrenadores y compañeros de equipo que te desafíen y te ayuden a mejorar tus habilidades puede marcar la diferencia entre ser un deportista promedio o un campeón. En el ámbito educativo, tener amigos que te apoyen y te ayuden a estudiar te ayudará a mantener la motivación y a obtener mejores resultados.

En definitiva, rodearte de las personas adecuadas es esencial para lograr el éxito en cualquier ámbito de la vida. Si te rodeas de personas que te limitan o te desmotivan, es probable que no alcances tus metas y te quedes estancado en la mediocridad. Por el contrario, si te rodeas de personas que te desafían, te inspiran y te apoyan, podrás alcanzar tus sueños y lograr el éxito que deseas.

No importa cuán motivado y enfocado estés en alcanzar tus metas, no lograrás nada si las personas con las que más tiempo pasa solo piensan en ir de fiesta o no hacer nada. Rodearte de personas que no tienen objetivos claros o que no se esfuerzan por alcanzar sus sueños solo te llevará a la mediocridad. Si realmente quieres alcanzar el éxito, es fundamental rodearte de personas que compartan tus mismos valores y objetivos, y que te motiven a ser tu mejor versión."

"Esto no significa que debas rodearte únicamente de personas que piensan exactamente igual que tú. De hecho, rodearte de personas con diferentes perspectivas y habilidades puede ser muy enriquecedor y ayudarte a ampliar tus horizontes. Sin embargo, es importante asegurarte de que estas personas compartan tus mismos valores fundamentales y estén dispuestas a apoyarte en tus metas."

"Recuerda que tu entorno y las personas con las que te relacionas tienen un impacto significativo en tu vida. Si pasas tu tiempo con personas que te desmotivan o te distraen de tus objetivos, es probable que no alcances el éxito que deseas. Por el contrario, si te rodeas de personas que te desafían, te inspiran y te apoyan en tu camino, tendrás mucho más éxito y alcanzarás tus metas con mayor facilidad".

Veamos un ejemplo, Imagina a una persona llamada Juan que siempre ha soñado con convertirse en un chef de renombre. Juan ha tomado clases de cocina y ha trabajado en algunos restaurantes, pero no ha logrado avanzar en su carrera como le gustaría. En un momento dado, Juan se da cuenta de que se ha estado rodeando de personas que no están interesadas en la cocina o el mundo culinario. Sus amigos solo quieren salir de fiesta y divertirse, sin pensar en el futuro."

"Decidido a cambiar su situación, Juan comienza a buscar personas que compartan su pasión por la cocina. Asiste a eventos culinarios y se une a grupos de cocina en línea. De esta manera, conoce a otros chefs y aprende nuevas técnicas culinarias. Además, se rodea de personas que están dispuestas a apoyarlo en su camino hacia el éxito, y que lo desafían a ser mejor en todo momento."

"Gracias a su nueva red de contactos y amigos, Juan finalmente tiene la oportunidad de trabajar en un restaurante de alta cocina y de mostrar sus habilidades culinarias. Además, se da cuenta de que rodearse de personas con objetivos similares y que lo apoyan en su camino hacia el éxito, lo han ayudado a crecer y alcanzar sus metas."

"Este ejemplo demuestra cómo rodearse de las personas adecuadas puede marcar la diferencia en el camino hacia el éxito. Si Juan no hubiera tomado la decisión de buscar personas que compartieran su pasión y sus objetivos, es probable que no hubiera tenido la oportunidad de avanzar en su carrera culinaria y alcanzar el éxito que deseaba

En conclusión, rodearte de las personas adecuadas es fundamental para alcanzar el éxito. Si pasas tu tiempo con personas que te desmotivan o no comparten tus objetivos, es probable que no logres alcanzar tus metas. Por el contrario, rodearte de personas que te desafíen, te inspiren y te apoyen en tu camino, te ayudará a alcanzar tus metas con mayor facilidad."

Recuerda que tu entorno y las personas con las que te relacionas tienen un impacto significativo en tu vida. Si te rodeas de personas que tienen objetivos claros y valores similares a los tuyos, es más probable que alcances el éxito que deseas. Por otro lado, si te rodeas de personas que no tienen metas claras o que no se esfuerzan por alcanzar sus sueños, es probable que te encuentres atrapado en la mediocridad.

Por eso, es importante ser selectivo al elegir a las personas con las que pasas tu tiempo. No se trata de rodearte solo de personas que piensan exactamente igual que tú, sino de encontrar personas que compartan tus mismos valores fundamentales y estén dispuestas a apoyarte en tus metas. Si lo haces, tendrás mucho más éxito y alcanzarás tus metas con mayor facilidad.

CAPÍTULO 4:

LA OPORTUNIDAD, NO ESPERES A QUE LLEGUE

En la vida, a menudo esperamos a que llegue la oportunidad perfecta antes de tomar medidas para alcanzar nuestros sueños. Sin embargo, en lugar de esperar a que llegue la oportunidad, es importante crearla. En este capítulo, hablaremos sobre la importancia de ser proactivo y crear tus propias oportunidades en lugar de esperar a que se presenten.

La verdad es que las oportunidades no siempre llegan a nosotros de manera espontánea. En su lugar, debemos trabajar activamente para crearlas. Esto significa ser proactivo en la búsqueda de nuevas oportunidades y tomar medidas para alcanzar nuestros objetivos.

Por ejemplo, si deseas obtener un nuevo empleo, no esperes a que se presente la oportunidad perfecta. En lugar de eso, busca activamente empleos en tu campo de interés, envía currículums y cartas de presentación, y sigue en contacto con contactos relevantes. Si deseas comenzar un negocio, no esperes a que alguien te ofrezca financiamiento. En lugar de eso, busca financiamiento de manera proactiva y trabaja para hacer que tu negocio sea una realidad.

Es importante recordar que la creación de oportunidades no siempre es fácil. Puede requerir trabajo duro, dedicación y persistencia para alcanzar tus objetivos. Sin embargo, al ser proactivo y crear tus propias oportunidades, tendrás más control sobre tu vida y estarás más cerca de alcanzar tus sueños.

Es importante recordar que la vida es corta y que cada día es una oportunidad para trabajar hacia nuestros objetivos y sueños. Muchas veces, dejamos que la vida nos lleve sin tomar medidas proactivas para alcanzar nuestras metas. Sin embargo, si recordamos que el tiempo es valioso y que cada día es una oportunidad para avanzar hacia nuestras metas, podemos comenzar a trabajar hacia ellas de manera más efectiva.

La creación de oportunidades no solo se trata de ser proactivo, sino también de tener una actitud positiva y de estar abiertos a nuevas experiencias y posibilidades. Si siempre esperamos a que las cosas nos lleguen, es posible que perdamos oportunidades valiosas que podrían habernos llevado a alcanzar nuestros objetivos más rápido. En lugar de eso, debemos estar siempre alerta y listos para tomar medidas cuando se presenten las oportunidades.

En resumen, la vida es corta y cada día es una oportunidad para avanzar hacia nuestras metas y sueños. Ser proactivo y crear tus propias oportunidades es clave para lograr el éxito, y estar abiertos a nuevas experiencias y posibilidades puede llevarte más lejos de lo que nunca imaginaste. Así que no pierdas más tiempo y comienza hoy mismo a trabajar en la creación de oportunidades para ti mismo.

La vida es un regalo precioso y único que se nos ha otorgado. Sin embargo, a menudo nos damos cuenta de que la vida pasa demasiado rápido y las oportunidades son demasiado efímeras. Es fácil perderse en la rutina diaria y no darse cuenta de que el tiempo está pasando a nuestro alrededor. Por lo tanto, es importante ser conscientes del tiempo y ser proactivos para aprovechar cada oportunidad que se presente.

Las oportunidades son efímeras, lo que significa que no duran para siempre. Si no las aprovechamos cuando se presentan, es posible que nunca se vuelvan a presentar. Esto puede llevarnos a sentir arrepentimiento y a lamentar el tiempo perdido. Por lo tanto, es importante ser conscientes del tiempo y trabajar diligentemente para crear nuestras propias oportunidades.

Al final del día, la vida es un regalo precioso que debe ser valorado y apreciado. La creación de oportunidades y la toma de medidas proactivas son esenciales para aprovechar al máximo la vida que se nos ha otorgado. No permitamos que el tiempo pase sin haber aprovechado cada oportunidad que se nos ha presentado. En su lugar, trabajemos para crear nuestras propias oportunidades y vivir la vida al máximo.

Deja de quejarte y comienza a superarte "YA"

Dejar de quejarse y comenzar a superarse es clave para alcanzar el éxito. La queja es una trampa en la que muchos caen, ya que puede ser fácil culpar a los demás o a las circunstancias por las dificultades que enfrentamos. Sin embargo, esto no nos lleva a ningún lugar y solo nos detiene en el camino hacia nuestras metas.

En lugar de quejarnos, debemos tomar medidas proactivas para superarnos. Esto significa que debemos estar dispuestos a trabajar duro, a asumir riesgos y a hacer sacrificios para alcanzar nuestras metas. No es fácil, pero con determinación y perseverancia, podemos superar cualquier obstáculo que se nos presente.

La superación personal es un proceso continuo, que nunca termina. Debemos estar dispuestos a aprender de nuestros errores y a seguir adelante incluso cuando las cosas se ponen difíciles. Dejar de quejarse y comenzar a superarse es la clave para lograr el éxito, y debemos comenzar a trabajar en esto "YA", sin demora ni excusas.

No esperemos más para comenzar a trabajar en nuestras metas y sueños. El tiempo es ahora, y debemos aprovecharlo al máximo.

Cada persona tiene un líder interior, pero a menudo es difícil encontrarlo. Descubrir a tu verdadero líder interior es clave para alcanzar el éxito, ya que te ayudará a tomar las decisiones correctas y a guiar a los demás hacia el éxito también.

Para encontrar a tu verdadero líder interior, debes comenzar por conocerte a ti mismo. Identifica tus fortalezas y debilidades, tus valores y tus creencias. Aprende a confiar en tus instintos y en tu intuición, y utiliza tus habilidades y talentos para liderar a los demás.

Además, debes aprender a ser un líder auténtico, es decir, ser tú mismo y no tratar de ser alguien que no eres. La autenticidad es clave para ganar la confianza y el respeto de los demás, lo que es esencial para liderar con éxito.

También es importante desarrollar habilidades de comunicación efectiva y trabajar en tu capacidad para inspirar y motivar a los demás. Esto te ayudará a crear un equipo sólido y a trabajar juntos hacia objetivos comunes.

En última instancia, descubrir a tu verdadero líder interior es un proceso continuo que requiere dedicación y trabajo duro. Sin embargo, al hacerlo, podrás liderarte a ti mismo y a los demás hacia el éxito y la realización de tus sueños y metas más grandes.

Conviértete en tu mejor versión: convertirse en tu mejor versión no es un proceso fácil, pero es posible con las pautas correctas. La clave para alcanzar tu máximo potencial es tener una visión clara de quién quieres ser y qué quieres lograr, y luego trabajar duro para hacerlo realidad.

Para comenzar, debes enfocarte en tus fortalezas y habilidades, y buscar oportunidades para desarrollarlas aún más. También debes trabajar en tus debilidades y buscar maneras de superarlas.

Aprender y crecer continuamente es esencial para convertirse en tu mejor versión.

Además, debes cuidar tu mente, cuerpo y espíritu. Esto significa hacer ejercicio regularmente, comer saludablemente, dormir lo suficiente y practicar la meditación o el yoga para reducir el estrés. También debes rodearte de personas positivas que te animen y te ayuden a crecer.

Otro aspecto importante es tener metas claras y un plan de acción para alcanzarlas. Identifica tus objetivos a largo plazo y luego desglósalos en metas más pequeñas y alcanzables. Trabaja en ellas diariamente y celebra tus logros a lo largo del camino.

Convertirte en tu mejor versión es un proceso continuo que requiere dedicación y trabajo duro. Sin embargo, siguiendo las pautas correctas y manteniéndote enfocado en tus objetivos, puedes alcanzar tu máximo potencial y vivir la vida que siempre has deseado.

Crea un impacto en tu vida: crear un impacto en tu vida y en la vida de las personas que te rodean es una de las cosas más gratificantes que puedes hacer. No se trata solo de alcanzar tus propios objetivos, sino también de hacer una diferencia positiva en el mundo y en las personas que te importan.

Para crear un impacto significativo, debes comenzar por ti mismo. Identifica tus valores y tus creencias, y trabaja en desarrollar habilidades que te permitan marcar una diferencia. Esto puede incluir habilidades de liderazgo, habilidades de comunicación efectiva y habilidades de resolución de problemas.

También es importante encontrar una causa o un propósito que te apasione. Esto puede ser cualquier cosa, desde ayudar a las personas necesitadas hasta trabajar en proyectos que mejoren tu comunidad. Al encontrar algo que te importe realmente, tendrás la motivación y la pasión necesarias para crear un impacto significativo.

Además, debes trabajar en construir relaciones significativas con las personas que te rodean. Esto puede incluir amigos, familiares, colegas y miembros de tu comunidad. Al construir relaciones sólidas y positivas, podrás inspirar a otros a hacer una diferencia en sus propias vidas y en las vidas de los demás.

En última instancia, crear un impacto en tu vida y en la vida de las personas que te rodean es una de las cosas más valiosas que puedes hacer. No solo te dará una sensación de realización y propósito, sino que también ayudará a construir un mundo mejor y más positivo para todos.

CAPÍTULO 5:

HAZ EL 1% MAS

El principio del 1% más afirma que si cada día mejoras en un 1% en cualquier área de tu vida, al final de un año habrás mejorado en un 365%. Imagina cómo sería tu vida si mejoras en un 365% en el transcurso de un año.

El problema es que la mayoría de las personas no se esfuerzan por mejorar cada día. En cambio, se conforman con hacer lo suficiente para seguir adelante. Pero, ¿qué pasaría si te comprometes a hacer el 1% más en lo que sea que estés haciendo hoy en tu vida?

Hacer el 1% más no se trata solo de trabajar más duro. Se trata de mejorar continuamente tus habilidades y tu conocimiento. Por ejemplo, si eres un estudiante, puedes dedicar un poco más de tiempo para estudiar o leer un capítulo adicional. Si eres un atleta, puedes entrenar un poco más duro o por un poco más de tiempo cada día.

El principio del 1% más también se aplica en tu vida personal. Si deseas mejorar en tu relación con los demás, puedes intentar ser un poco más atento o dedicar un poco más de tiempo para hablar con tu pareja o amigos. Si deseas mejorar tu salud, puedes comenzar haciendo pequeños cambios en tu dieta o añadiendo un poco más de actividad física a tu rutina diaria.

La clave para hacer el 1% más es comprometerte a hacerlo cada día. Al principio, puede parecer insignificante, pero con el tiempo, esos pequeños cambios se acumulan y se convierten en grandes mejoras en tu vida. No subestimes el poder de hacer pequeños cambios. Incluso una mejora del 1% puede marcar una gran diferencia en el largo plazo.

Entonces, si deseas mejorar tu vida en cualquier área, comienza comprometiéndote a hacer el 1% más cada día. Con el tiempo, te sorprenderás de lo lejos que puedes llegar.

Es fácil caer en la trampa de la comodidad y la complacencia en la vida. La mayoría de las personas pasan su tiempo libre viendo televisión, navegando en las redes sociales o simplemente sentados en el sofá sin hacer nada. Sin embargo, lo que no se dan cuenta es que toda esta información que están consumiendo puede tener un impacto significativo en su estado mental.

El cerebro humano está diseñado para procesar información constantemente. Si estamos expuestos a información negativa, nuestro cerebro puede interpretarla como una amenaza y liberar hormonas de estrés, lo que puede tener un efecto negativo en nuestra salud mental y física.

Por lo tanto, es importante ser consciente de lo que estamos consumiendo y cómo nos afecta. Si queremos ser la mejor versión de nosotros mismos, debemos evitar la tentación de simplemente sentarnos en el sofá y ver televisión todo el día.

En lugar de eso, debemos buscar formas de expandir nuestra mente y mejorar nuestra vida. Podemos leer libros inspiradores, aprender una nueva habilidad o hobby, o simplemente salir a caminar y disfrutar de la naturaleza.

Al tomar medidas para hacer algo nuevo y emocionante, estamos creando nuevas conexiones neuronales en nuestro cerebro y mejorando nuestra salud mental y física. No permitas que la negatividad de la televisión y las redes sociales te detengan en la vida. En su lugar, busca nuevas oportunidades para crecer y mejorar cada día.

A menudo nos encontramos pensando que para lograr grandes cambios en la vida, necesitamos tomar medidas drásticas y hacer cambios masivos. Sin embargo, esto no siempre es cierto. Los cambios más pequeños también pueden tener un impacto significativo en nuestra vida.

En lugar de pensar en el cambio como algo enorme e intimidante, debemos empezar por hacer pequeños ajustes en nuestras vidas. Podemos comenzar por establecer pequeñas metas diarias y trabajar para lograrlas. Por ejemplo, si queremos hacer ejercicio, podemos empezar por hacer caminatas cortas o hacer algunas flexiones en casa.

Al hacer estos pequeños cambios, estamos construyendo una base sólida para un cambio más grande en el futuro. Además, nos estamos dando la oportunidad de experimentar los beneficios de hacer pequeños cambios en nuestras vidas, lo que puede ser un gran motivador para seguir adelante.

Recuerda que cualquier cambio, sin importar lo pequeño que sea, requiere compromiso y esfuerzo. Pero si somos persistentes y nos enfocamos en hacer pequeños cambios en nuestras vidas, podemos crear un impacto duradero y lograr nuestros objetivos a largo plazo.

Así que no subestimes el poder de los pequeños cambios y comienza hoy mismo a hacer un esfuerzo por hacer el 1% más en todo lo que haces.

Es importante recordar que cada pequeña acción que tomamos en nuestras vidas tiene un impacto. Es fácil pensar que nuestras acciones no importan y que no podemos hacer una diferencia significativa, pero eso simplemente no es cierto.

Un solo grano de arena introducido en el mar puede no parecer mucho, pero con el tiempo, esos pequeños cambios pueden tener un impacto enorme en nuestras vidas y en el mundo que nos rodea. Cada pequeña acción que tomamos es como un grano de arena que se agrega a una montaña en constante crecimiento.

Si queremos tener un impacto positivo en nuestras vidas y en el mundo, debemos empezar por hacer pequeñas acciones positivas. Ya sea ayudar a un amigo necesitado, recoger la basura en la calle o simplemente sonreír a un extraño, cada pequeña acción que tomamos tiene el poder de cambiar el mundo a nuestro alrededor.

No subestimes el poder de tu influencia. Si todos hacemos nuestra parte y tomamos pequeñas acciones positivas todos los días, podemos crear un cambio significativo en nuestras vidas y en el mundo. Así que recuerda, cada pequeña acción cuenta y cada grano de arena hace una diferencia.

Bob Proctor tiene razón al decir que "la línea que separa el ganar del perder es tan fina como el filo de una navaja". A menudo pensamos en el éxito y el fracaso como dos cosas completamente separadas, pero la realidad es que a veces la diferencia entre ellos puede ser muy pequeña.

Una pequeña acción puede llevarnos al éxito o al fracaso. Una pequeña decisión puede tener un impacto significativo en nuestras vidas. Por eso es tan importante que seamos cuidadosos con nuestras acciones y decisiones.

Debemos esforzarnos por tomar decisiones que nos lleven hacia el éxito, incluso si esas decisiones parecen pequeñas o insignificantes en el momento. Cada pequeña decisión que tomamos tiene el potencial de llevarnos hacia nuestro objetivo o alejarnos de él.

Así que, como dice Bob Proctor, la línea que separa el ganar del perder es muy fina. Debemos ser conscientes de nuestras decisiones y acciones, y esforzarnos por tomar decisiones positivas y tomar acciones que nos lleven hacia nuestro éxito. Con esfuerzo y determinación, podemos superar la línea y alcanzar nuestros objetivos.

Es cierto que muchas personas piensan que un cambio debe ser grande para hacer una diferencia significativa. Pero la realidad es que incluso un pequeño cambio puede tener un gran impacto en nuestras vidas. Como mencioné anteriormente, el éxito y el fracaso a menudo están separados por una línea muy delgada. Tomar la decisión de hacer un 1% adicional puede ser justo lo que necesitamos para cruzar esa línea hacia el éxito.

No debemos subestimar el poder de un pequeño cambio. A menudo, ese pequeño cambio puede ser la chispa que enciende el fuego de nuestra motivación y nos impulsa hacia el éxito. Y aunque puede parecer difícil hacer ese pequeño cambio al principio, una vez que lo hacemos, podemos ver los resultados en nuestras vidas y sentir la satisfacción de haber logrado algo que parecía imposible.

Así que no te rindas. Haz ese 1% adicional en lo que sea que estés haciendo hoy en tu vida. Puede que no veas los resultados de inmediato, pero con el tiempo, ese pequeño cambio puede convertirse en algo grande y transformar tu vida de maneras que nunca imaginaste.

Hacer ese 1% adicional en lo que sea que estemos haciendo hoy no solo se trata de trabajar más duro, sino de trabajar con inteligencia y una mentalidad correcta. En lugar de simplemente trabajar más horas, debemos enfocarnos en trabajar de manera más eficiente y productiva. Esto significa identificar las tareas que son más importantes y enfocar nuestra energía en ellas. También significa aprender a delegar y confiar en otros para que nos ayuden a completar las tareas de manera más efectiva.

Además, también es importante tener una mentalidad correcta. Esto implica creer en nosotros mismos y en nuestras habilidades, tener una actitud positiva y estar dispuestos a aprender y crecer. Cuando combinamos trabajo inteligente con una mentalidad correcta, podemos superar cualquier obstáculo que se nos presente y lograr nuestros objetivos.

Así que recuerda, no se trata solo de trabajar más duro. Se trata de trabajar con inteligencia y una mentalidad correcta. Al hacerlo, podemos lograr más de lo que pensamos posible y alcanzar el éxito que deseamos.

La actitud que tenemos ante los éxitos y fracasos en la vida puede hacer toda la diferencia en nuestro camino hacia el éxito. Si tenemos una actitud negativa y derrotista cuando logramos algo, podemos perder nuestra motivación y nuestro deseo de seguir adelante. Por otro lado, si tenemos una actitud positiva y agradecida, podemos sentirnos más motivados y capaces de alcanzar más logros en el futuro.

Del mismo modo, si tenemos una actitud negativa cuando fracasamos, podemos sentirnos desanimados y derrotados. Pero si podemos aprender de nuestros fracasos y tener una actitud positiva y enfocada en soluciones, podemos superar cualquier obstáculo y alcanzar el éxito que deseamos.

En resumen, la actitud que tenemos ante los éxitos y fracasos puede ser el factor determinante en nuestra capacidad para lograr nuestras metas y objetivos. Así que es importante cultivar una mentalidad positiva y enfocada en soluciones, tanto en los buenos como en los malos momentos de la vida.

CAPÍTULO 6:

TOMA ACCIÓN

Este capítulo es el más importante de todo el libro, porque todas las ideas, consejos y estrategias anteriores no sirven de nada si no se toma acción. Muchas personas tienen grandes sueños y metas, pero nunca los alcanzan porque nunca dan el primer paso. La acción es lo que separa a los soñadores de los realizadores, y si quieres lograr algo, debes tomar acción. No hay manera de saber si algo funcionará o no, hasta que lo intentes. La inacción es la causa número uno de la mediocridad y la falta de éxito. Así que, si tienes un sueño, un objetivo o una meta, no esperes más, toma acción ahora mismo y hazlo realidad.

En la vida, hay muchas personas que tienen grandes sueños y metas, pero nunca las alcanzan. ¿Por qué? La respuesta es simple: no toman acción. La inacción es la causa número uno de la mediocridad y la falta de éxito en la vida. Si quieres lograr algo, debes tomar acción.

La importancia de tomar acción es crucial para alcanzar el éxito en cualquier ámbito de la vida. No hay manera de saber si algo funcionará o no, hasta que lo intentes. No puedes esperar que las cosas caigan del cielo sin hacer nada. La mayoría de las personas sueñan con tener una vida exitosa y feliz, pero muy pocas hacen algo al respecto. La realidad es que el éxito no es algo que se consigue solo con desearlo o pensarlo. Tienes que tomar acción para conseguirlo.

El primer paso para tomar acción es dejar de pensar demasiado y comenzar a actuar. La mayoría de las personas se quedan atrapadas en la fase de planificación, en lugar de pasar a la fase de acción. Planificar es importante, pero si no actúas, tus planes no significarán nada. No tengas miedo de equivocarte o cometer errores. Los errores son lecciones que te ayudan a crecer y mejorar.

Es natural sentir miedo o inseguridad cuando se trata de tomar acción, pero no dejes que te detengan. No te conformes con una vida mediocre, toma acción para alcanzar tus metas y sueños. Recuerda que la vida es corta y debes aprovechar al máximo cada oportunidad.

La toma de acción debe ser constante y persistente, cada día haz algo que te acerque a tus objetivos. A veces, incluso pequeñas acciones pueden tener un gran impacto en tu vida. No te rindas ante las dificultades, sigue adelante. La perseverancia es la clave del éxito.

Por último, sé tú mismo y toma acción de manera natural. No trates de ser alguien que no eres, simplemente haz las cosas a tu manera y toma acción. Si tienes dudas o inseguridades, busca la ayuda de personas que te apoyen y te guíen en tu camino. La toma de acción es un proceso continuo y no debes tener miedo de cambiar de dirección si es necesario.

En resumen, la toma de acción es la clave para alcanzar el éxito en la vida. No esperes a que las cosas sucedan, haz que sucedan. Deja de pensar demasiado y comienza a actuar. Toma pequeñas acciones todos los días que te acerquen a tus objetivos. No te rindas ante las dificultades y sé natural en tu enfoque. Recuerda, la vida es corta y debes aprovechar cada momento para alcanzar tus metas y sueños.

Veamos un ejemplo:

Valentina había soñado toda su vida con ser una bailarina profesional, pero nunca había tomado medidas para hacer realidad su sueño. Siempre pensaba en la idea de tomar clases de danza y trabajar duro para mejorar, pero nunca lo llevaba a cabo. Un día, decidió dar el paso y buscar una escuela de danza cercana a su casa para empezar a tomar clases. Al principio, fue difícil porque no tenía experiencia previa y se sentía insegura al compararse con los demás estudiantes. Pero poco a poco, Valentina fue mejorando su técnica y su confianza en sí misma.

Tomar acción no solo le permitió a Valentina cumplir su sueño de ser bailarina, sino que también le abrió las puertas a nuevas oportunidades. Al asistir regularmente a las clases de danza, conoció a otros bailarines y coreógrafos, lo que la llevó a tener la oportunidad de participar en un espectáculo en vivo. Valentina se sintió muy orgullosa de sí misma por haber tomado la iniciativa de seguir su sueño y tomar acción para lograrlo.

La importancia de tomar acción se aplica a cualquier área de la vida. Si quieres tener éxito en tu carrera, debes tomar medidas para aprender nuevas habilidades, mejorar tu currículum y establecer relaciones profesionales. Si quieres mejorar tu salud, debes tomar medidas para hacer ejercicio regularmente y comer una dieta saludable. Nada te va a caer del cielo solo con pensarlo o desearlo, tienes que tomar acción y trabajar para lograr tus metas.

Además, cuando tomas acción, te vuelves más natural en la tarea que estás realizando. Te vuelves más confiado y más cómodo en lo que estás haciendo. La acción es la clave para la transformación y el crecimiento personal. Toma acción hoy mismo y comienza a trabajar en tus metas y sueños.

Dejar de procrastinar y tomar acción es clave para lograr cualquier meta u objetivo en la vida. Si pasamos demasiado tiempo pensando y planificando sin ejecutar, perdemos tiempo valioso que podríamos estar utilizando para avanzar en nuestras metas. Es importante recordar que el tiempo es uno de los recursos más valiosos que tenemos y no podemos permitirnos desperdiciarlo. Así que, si tienes un objetivo o sueño que quieres alcanzar, ¡no esperes más! Toma acción y comienza a trabajar en ello hoy mismo.

A menudo, las personas tienen ideas brillantes, pero por falta de acción, pierden la oportunidad de llevarlas a cabo. Es importante recordar que cuando la emoción y la pasión están en su punto máximo, es el momento de tomar medidas. De lo contrario, esa idea se enfría, pierde su brillo y, eventualmente, se desvanece. No permitas que eso suceda contigo. Si tienes una idea o un sueño que te emociona, actúa de inmediato. Toma medidas, incluso si son pequeñas, para avanzar hacia ese objetivo. El tiempo no se detiene y cada día que pasa es una oportunidad perdida para lograr tus metas. Así que deja de perder tiempo y toma acción hoy mismo.

Si deseas construir una biblioteca empieza por comprar un libro luego el segundo, y así sucesivamente hasta que logres tener una colección completa. Del mismo modo, si deseas lograr tus metas y alcanzar el éxito, debes empezar tomando acción, aunque sea pequeña, y luego seguir avanzando poco a poco hacia tu objetivo. No esperes a tener todo perfectamente planificado o a tener todas las herramientas necesarias antes de empezar, porque en la mayoría de los casos nunca será el momento perfecto. Si esperas a tener todo en orden, lo más probable es que nunca tomes acción.

También es importante recordar que la acción no siempre tiene que ser grande y dramática. A veces, la acción más efectiva puede ser algo tan simple como hacer una llamada telefónica, enviar un correo electrónico o tomar una pequeña decisión que te acerque un poco más a tu meta. La clave es tomar acción de manera constante y consistente, sin importar cuán pequeñas sean las acciones que tomes. Con el tiempo, estas pequeñas acciones pueden sumar y llevarte más cerca de tu objetivo.

En resumen, si quieres lograr el éxito, no esperes a que las cosas sucedan, toma acción y haz que sucedan. No te quedes sentado esperando que las oportunidades caigan del cielo, porque la realidad es que tienes que crearlas tú mismo. Ya sea que quieras iniciar un negocio, mejorar tus relaciones o alcanzar cualquier otra meta, el primer paso es tomar acción, sin importar cuán pequeña sea. Recuerda que la acción es la clave para el éxito, así que no esperes más y comienza a dar tus primeros pasos hacia tus objetivos.

Muchas personas tienen grandes sueños y metas, pero la mayoría de ellas nunca llegan a realizarlos. La razón principal es la falta de acción. La acción es la clave para alcanzar cualquier objetivo. No puedes simplemente desear o pensar en algo y esperar que se haga realidad. Debes tomar medidas concretas para hacerlo realidad.

Es fácil caer en la trampa de la procrastinación y pensar que hay tiempo suficiente para hacer las cosas más adelante. Pero el tiempo nunca espera a nadie. El tiempo es algo que no se puede recuperar una vez perdido. Por lo tanto, es importante actuar y hacer lo que se necesita hacer ahora mismo, en este momento.

Como dijo el filósofo chino Lao Tzu: "El viaje de mil millas comienza con un solo paso". Cada pequeño paso que tomes te acerca un poco más a tu objetivo. Puede ser difícil al principio, pero con el tiempo, tomarás acción se convertirá en un hábito y te acostumbrarás a hacer lo necesario para lograr lo que deseas.

Recuerda que cada pequeña acción que tomes puede marcar una gran diferencia en el resultado final. Si quieres construir una biblioteca, comienza comprando un libro. Si quieres comenzar tu propio negocio, comienza haciendo una lista de tareas y comenzando con la primera. No subestimes la importancia de tomar acción. Es la clave para alcanzar el éxito en cualquier cosa que desees hacer en la vida.

"Si no traduces la intención en acción lo más pronto posible, la intención empieza a disminuir"

Esta frase es muy poderosa porque nos recuerda que, si tenemos una idea o un deseo de hacer algo, debemos actuar lo más pronto posible para evitar que la intención se diluya. Es común que, al tener una idea, nos emocionemos y sintamos una gran motivación para llevarla a cabo. Sin embargo, si no tomamos acción pronto, esa emoción y motivación pueden disminuir y eventualmente desaparecer, dejando nuestra idea en el olvido.

La acción es lo que hace que las cosas sucedan. La intención es importante, pero es solo el primer paso. Si no tomamos acción para llevar a cabo nuestras intenciones, estas se quedarán en el papel o en nuestra mente. Es por eso que es importante tomar medidas concretas para traducir nuestras intenciones en acción. De esta manera, podemos empezar a ver los resultados y mantenernos motivados para seguir adelante. Si no lo hacemos, es probable que nos quedemos atascados en la fase de planificación y nunca lleguemos a poner en marcha nuestras ideas.

CAPÍTULO 7:

PERSEVERANCIA Y DISCIPLINA: CAMBIANDO TUS PARADIGMAS

La perseverancia y la disciplina son cualidades fundamentales para alcanzar el éxito en cualquier área de la vida. La perseverancia te permite mantener el enfoque y superar los obstáculos, mientras que la disciplina te ayuda a establecer hábitos saludables y a mantener una rutina que te acerque a tus objetivos y metas.

Para desarrollar la perseverancia y la disciplina, es esencial establecer objetivos claros y realistas. Cuando tienes una meta clara en mente, puedes enfocar tu energía y esfuerzos en alcanzarla. Además, es importante crear un plan de acción y comprometerte a seguirlo, incluso cuando te enfrentas a dificultades o contratiempos. La perseverancia implica seguir adelante incluso cuando las cosas se ponen difíciles, por lo que es fundamental tener una mentalidad positiva y enfocada en tus objetivos.

Buscar apoyo y motivación en otras personas también puede ayudarte a desarrollar la perseverancia y la disciplina. Al rodearte de personas que te apoyan y te animan, puedes encontrar la fuerza y el ánimo que necesitas para seguir adelante. Además, puedes inspirarte en otros que han demostrado una gran perseverancia y disciplina en sus vidas.

Por ejemplo, el tenista suizo Roger Federer es conocido por su dedicación y perseverancia en su carrera deportiva. A pesar de haber enfrentado numerosas lesiones y desafíos en su carrera, ha continuado trabajando duro y mejorando su juego, convirtiéndose en uno de los mejores jugadores de tenis de todos los tiempos.

Otro ejemplo es el empresario Elon Musk, quien ha demostrado una gran perseverancia y disciplina en la creación de sus empresas, como Tesla y SpaceX. A pesar de enfrentar numerosos obstáculos y críticas, Musk ha continuado trabajando duro y buscando soluciones innovadoras para llevar sus empresas al éxito.

En resumen, la perseverancia y la disciplina son fundamentales para alcanzar el éxito en cualquier área de la vida. Al establecer objetivos claros y realistas, crear un plan de acción, mantener una mentalidad positiva y buscar apoyo en otras personas, puedes desarrollar la perseverancia y la disciplina que necesitas para alcanzar tus metas y objetivos, superar los obstáculos y lograr el éxito.

Para poder lograr establecer la disciplina en tu vida debes estar dispuesto a realizar cambios.

Es cierto que, para alcanzar cambios reales en tu vida, es necesario trabajar en tu propio carácter. El carácter se refiere a las características y rasgos que definen a una persona, incluyendo su personalidad, valores, actitudes, comportamientos y habilidades.

Cuando trabajas en tu carácter, estás trabajando en ti mismo y en cómo te relacionas con el mundo que te rodea. Esto implica reflexionar sobre tus fortalezas y debilidades, identificar áreas en las que necesitas mejorar y desarrollar estrategias para lograrlo.

Trabajar en tu carácter puede incluir aprender habilidades sociales, mejorar tu autocontrol y regulación emocional, desarrollar tu capacidad de comunicación, mejorar tus hábitos y comportamientos, y cultivar tus valores y creencias. También puede significar enfrentar y superar tus miedos, inseguridades y obstáculos personales.

Es importante recordar que trabajar en tu carácter no es algo que se pueda hacer de la noche a la mañana. Requiere tiempo, esfuerzo y dedicación constante. Pero los resultados valen la pena: al mejorar tu carácter, mejorarás tu calidad de vida, tus relaciones con los demás, y estarás más preparado para enfrentar los desafíos que se te presenten.

En resumen, trabajar en tu carácter es esencial para alcanzar cambios reales en tu vida. Es un proceso continuo que requiere compromiso y perseverancia, pero que te permitirá desarrollar una versión mejorada de ti mismo y alcanzar tus metas y objetivos.

Cambia tus paradigmas personales con principios universales:

Cambiar tus paradigmas personales con principios universales es una forma efectiva de transformar tu forma de pensar y de vivir tu vida. Los paradigmas son formas de pensar, creencias, valores y supuestos que influyen en tus decisiones y acciones diarias.

Los principios universales son verdades fundamentales que se aplican a todas las personas, independientemente de su cultura, religión o circunstancias personales. Al adoptar principios universales, estás abriendo tu mente a una perspectiva más amplia y profunda del mundo y de ti mismo.

Algunos ejemplos de principios universales son:

- La honestidad

- La responsabilidad

- La justicia

- La compasión

- La gratitud

- La paciencia

- La perseverancia

- La humildad

- La empatía

Para cambiar tus paradigmas personales con principios universales, es importante que primero identifiques cuáles son tus paradigmas actuales y cómo te están limitando. Luego, analiza cómo los principios universales pueden ayudarte a superar esas limitaciones y a alcanzar tus metas y objetivos.

Por ejemplo, si tienes un paradigma de victimismo que te impide asumir la responsabilidad de tus decisiones y acciones, puedes adoptar el principio universal de la responsabilidad y comprometerte a tomar el control de tu vida y a aceptar las consecuencias de tus elecciones.

Otro ejemplo sería si tienes un paradigma de envidia que te hace compararte constantemente con los demás y sentirte insatisfecho con tu propia vida, puedes adoptar el principio universal de la gratitud y enfocarte en las cosas por las que estás agradecido en lugar de centrarte en lo que no tienes.

En conclusión, cambiar tus paradigmas personales con principios universales puede ser un proceso transformador y liberador que te permitirá desarrollarte a nivel personal y profesional, así como vivir una vida más significativa y plena. Veamos como puedes cambiar tus paradigmas con los 7 hábitos de la gente altamente efectiva" de Stephen Covey.

1. **Sé proactivo:**

    Ser proactivo significa ser el responsable de tu propia vida y tomar la iniciativa para crear las condiciones que deseas en lugar de esperar que las cosas sucedan por sí mismas o depender de las decisiones y acciones de otras personas.

    Ser proactivo implica tener una mentalidad positiva, orientada hacia la acción y centrada en soluciones en lugar de centrarse en los problemas o las limitaciones. Al ser proactivo, eres capaz de tomar el control de tu vida y de enfrentar los desafíos con confianza y determinación.

Algunas formas de ser proactivo incluyen:

- Establecer metas y objetivos claros para tu vida y trabajar constantemente para alcanzarlos.

- Identificar y enfrentar tus miedos y limitaciones personales en lugar de evitarlos o negarlos.

- Tomar la iniciativa en el trabajo, en tus relaciones y en tu vida en general en lugar de esperar que otros tomen decisiones por ti.

- Ser responsable de tus decisiones y acciones y aceptar las consecuencias de ellas.

- Buscar oportunidades de aprendizaje y crecimiento personal para desarrollar tus habilidades y talentos.

- Ser proactivo en el cuidado de tu salud física, mental y emocional.

- Buscar soluciones creativas y efectivas a los desafíos y obstáculos en lugar de culpar a los demás o darte por vencido.

Ser proactivo es una habilidad que se puede desarrollar con práctica y esfuerzo. Al adoptar una mentalidad proactiva, puedes tomar el control de tu vida y trabajar hacia la creación de las condiciones que deseas para ti mismo y para los demás.

2. Comienza con un fin en mente:

Comenzar con un fin en mente significa establecer una dirección clara y un propósito para tu vida antes de comenzar cualquier tarea o proyecto. En lugar de actuar impulsivamente o dejarte llevar por las circunstancias, comienzas con un objetivo claro en mente y trabajas hacia él de manera deliberada y enfocada.

Comenzar con un fin en mente es una de los siete hábitos altamente efectivos descritos por Stephen Covey en su libro "Los 7 hábitos de las personas altamente efectivas". Según Covey, este hábito es fundamental para lograr el éxito y la realización personal.

Para comenzar con un fin en mente, es importante que primero identifiques tus valores y tus metas a largo plazo. ¿Qué es lo que realmente te importa en la vida? ¿Qué te gustaría lograr en el futuro?

Una vez que tengas claro tu propósito y tus objetivos a largo plazo, puedes comenzar a planificar y trabajar en las metas a corto y mediano plazo que te llevarán a alcanzar ese fin. Es importante que tus acciones diarias estén alineadas con tus valores y objetivos a largo plazo.

Al comenzar con un fin en mente, puedes tomar decisiones más informadas y conscientes y evitar la distracción y la falta de dirección. Esto te permite ser más efectivo y eficiente en tus acciones y te acerca a tu propósito y metas de manera más rápida y efectiva.

En resumen, comenzar con un fin en mente es una forma efectiva de establecer una dirección clara y un propósito para tu vida y de trabajar hacia tus objetivos de manera enfocada y deliberada.

3. Define tus prioridades:

Definir tus prioridades significa determinar qué es más importante para ti en un momento dado y enfocar tus recursos (tiempo, energía, dinero, etc.) en aquellas actividades, tareas o personas que están en la parte superior de tu lista de prioridades.

Cuando definimos nuestras prioridades, podemos tomar decisiones más informadas y estratégicas sobre cómo dedicar nuestro tiempo y recursos, lo que nos permite enfocarnos en lo que realmente importa y lograr nuestros objetivos de manera más efectiva y eficiente.

Para definir tus prioridades, es importante que primero identifiques tus valores y metas a largo plazo. ¿Qué es lo que realmente te importa en la vida? ¿Qué te gustaría lograr en el futuro?

Una vez que tengas claro tu propósito y tus objetivos a largo plazo, puedes evaluar tus opciones y tomar decisiones informadas sobre cómo dedicar tu tiempo y recursos. Es importante que tengas en cuenta factores como la urgencia, la importancia y la satisfacción personal al establecer tus prioridades.

Algunas estrategias para definir tus prioridades incluyen:

Haz una lista de tus actividades y tareas diarias y ordénalas en función de su importancia para tus metas y objetivos a largo plazo.

Dedica tiempo para reflexionar y planificar tu día, semana o mes, para asegurarte de que estás enfocando tu tiempo y recursos en las actividades que son más importantes para ti.

Aprende a decir "no" a las actividades que no están alineadas con tus objetivos y prioridades a largo plazo.

Asegúrate de dedicar tiempo a las personas importantes en tu vida, como tu familia y amigos, y de priorizar tu salud y bienestar.

En resumen, definir tus prioridades te ayuda a enfocar tus recursos en las actividades y personas más importantes para ti y a lograr tus objetivos de manera más efectiva y eficiente.

4. Piensa en que todos pueden ganar:

La idea de que todos pueden ganar se refiere a la posibilidad de que, en cualquier situación, todas las partes involucradas puedan beneficiarse y lograr sus objetivos de manera mutua y colaborativa, en lugar de adoptar un enfoque de "ganar-perder" en el que solo una parte obtiene lo que quiere a expensas de la otra.

Esta mentalidad se basa en la idea de que, en muchas situaciones, hay suficientes recursos y beneficios para que todas las partes involucradas puedan obtener lo que necesitan sin perjudicar a los demás. Para lograr este resultado, es necesario fomentar la cooperación, la empatía y la comunicación efectiva entre las partes.

La mentalidad de "todos pueden ganar" puede aplicarse en diversas situaciones, desde negociaciones empresariales hasta relaciones personales y familiares. En lugar de adoptar un enfoque de competencia y conflicto, se fomenta una actitud de colaboración y respeto mutuo.

La mentalidad de "todos pueden ganar" también puede tener beneficios a largo plazo, ya que ayuda a construir relaciones duraderas y significativas basadas en la confianza, el respeto y la cooperación. Cuando se enfoca en soluciones que benefician a todas las partes, se crea un ambiente propicio para la innovación, el crecimiento y el progreso conjunto.

En resumen, la mentalidad de "todos pueden ganar" es una actitud que fomenta la colaboración y la empatía, permitiendo a todas las partes involucradas obtener beneficios y lograr sus objetivos de manera mutua y respetuosa.

5. Procura primero entender a los demás, y después, ser entendido:

"Procura primero entender a los demás, y después, ser entendido" es el quinto hábito de la obra "Los 7 hábitos de la gente altamente efectiva" de Stephen Covey.

Este hábito se enfoca en la importancia de la comunicación efectiva y la empatía en las relaciones interpersonales. Covey argumenta que para ser efectivos en nuestras interacciones con los demás, primero debemos esforzarnos por entender su perspectiva, necesidades y puntos de vista.

En lugar de imponer nuestra opinión o punto de vista, debemos ser capaces de escuchar activamente y prestar atención a lo que los demás tienen que decir. Esto implica ser empáticos y ponerse en el lugar de la otra persona, tratando de comprender su situación y perspectiva.

Una vez que hemos logrado entender la perspectiva de la otra persona, estamos en una mejor posición para ser entendidos y comunicar nuestros propios puntos de vista de manera efectiva. Al entender las necesidades y preocupaciones de los demás, podemos encontrar soluciones mutuamente beneficiosas y construir relaciones basadas en la confianza y el respeto.

En resumen, "Procura primero entender a los demás, y después, ser entendido" es un hábito que se enfoca en la importancia de la comunicación efectiva y la empatía en nuestras relaciones interpersonales. Al esforzarnos por entender la perspectiva de los demás, podemos construir relaciones más efectivas y encontrar soluciones mutuamente beneficiosas.

6. Aprovecha la sinergia:

"Aprovecha la sinergia" es el sexto hábito de la obra "Los 7 hábitos de la gente altamente efectiva" de Stephen Covey.

La sinergia se refiere a la idea de que la colaboración y el trabajo en equipo pueden producir resultados que son mayores que la suma de las partes individuales. Es decir, al trabajar juntos, podemos lograr más de lo que podríamos lograr por nuestra cuenta.

Covey argumenta que la sinergia es esencial para el éxito en la vida y en el trabajo, y que podemos lograrla al colaborar con otros, aprovechando las habilidades y talentos únicos de cada persona.

Para aprovechar la sinergia, es importante tener una mentalidad de colaboración y apertura. Debemos estar dispuestos a escuchar y aprender de los demás, aportar nuestras propias ideas y habilidades, y estar abiertos a nuevas perspectivas y formas de pensar.

También es importante trabajar en equipo con una actitud positiva y enfocada en objetivos compartidos. Al trabajar juntos hacia un objetivo común, podemos encontrar soluciones creativas y efectivas que no serían posibles si trabajáramos de forma aislada.

En resumen, "Aprovecha la sinergia" es un hábito que se enfoca en la importancia de la colaboración y el trabajo en equipo para lograr resultados mayores que la suma de las partes individuales. Al colaborar con otros, aprovechar sus habilidades y talentos únicos, y trabajar juntos hacia un objetivo común, podemos lograr la sinergia y alcanzar un mayor éxito en nuestras vidas y trabajos.

7. **Afila siempre tu cuchillo:**

"Afila siempre tu cuchillo" es el séptimo hábito de la obra "Los 7 hábitos de la gente altamente efectiva" de Stephen Covey.

Este hábito se refiere a la idea de que debemos mantenernos en constante aprendizaje y desarrollo personal, y siempre buscar mejorar nuestras habilidades y conocimientos. Al igual que un cuchillo que pierde su filo con el uso constante, nuestras habilidades y conocimientos también pueden disminuir si no los mantenemos activos y actualizados.

Para afilar nuestro "cuchillo", es importante dedicar tiempo y esfuerzo a nuestra educación y desarrollo personal. Esto puede incluir tomar cursos, leer libros, asistir a seminarios y conferencias, y buscar mentores y oportunidades de aprendizaje. También es importante estar dispuestos a salir de nuestra zona de confort y probar cosas nuevas, para expandir nuestros conocimientos y habilidades.

Además, Covey señala que debemos estar abiertos a la retroalimentación y dispuestos a aprender de nuestros errores y fracasos. En lugar de verlos como una derrota, debemos usarlos como una oportunidad para mejorar y crecer.

En resumen, "Afila siempre tu cuchillo" es un hábito que se enfoca en la importancia de mantenernos en constante aprendizaje y desarrollo personal, para mantener nuestras habilidades y conocimientos actualizados y mejorar continuamente. Al dedicar tiempo y esfuerzo a nuestra educación y desarrollo personal, podemos mejorar nuestras oportunidades de éxito y lograr una mayor efectividad en nuestras vidas y trabajos.

En definitiva, "Mantén tus objetivos claros" es una idea importante para lograr el éxito en cualquier ámbito de la vida. Cuando tenemos objetivos claros y definidos, es más fácil tomar decisiones que nos lleven en la dirección correcta y nos permitan avanzar hacia nuestros sueños y metas.

Es cierto que, si no tomamos nuestras propias decisiones, alguien más lo hará por nosotros. Por eso es importante asumir la responsabilidad de nuestras vidas y comprometernos a crear la vida que realmente queremos. Debemos ser proactivos en lugar de reactivos, y tomar decisiones conscientes y deliberadas que nos acerquen a nuestros objetivos.

Para lograr esto, es fundamental tener objetivos claros y definidos. Debemos saber lo que queremos y cómo queremos vivir nuestra vida, para poder tomar decisiones coherentes con esos objetivos y no perdernos en distracciones o caminos que no nos llevan a donde queremos estar.

Una vez que hemos definido nuestros objetivos, también es importante comprometernos con ellos. Debemos hacer un compromiso firme y mantenernos enfocados en nuestro camino, incluso cuando las cosas se ponen difíciles o surgen obstáculos en el camino.

En resumen, mantener nuestros objetivos claros y tomar nuestras propias decisiones es fundamental para crear la vida que realmente queremos. Debemos ser proactivos, definir nuestros objetivos y comprometernos con ellos, para lograr el éxito y la felicidad que merecemos.

Si no tomamos nuestras propias decisiones, alguien más lo hará por nosotros. Por lo tanto, es importante asumir la responsabilidad de nuestra vida y comprometernos a crear la vida que merecemos. La primera decisión que debemos tomar es comprometernos con nosotros mismos y con nuestros sueños y objetivos. Debemos decidir con firmeza que merecemos tener la vida que deseamos y trabajar para alcanzarla.

Este compromiso con nosotros mismos debe ir acompañado de la definición clara de nuestros objetivos y metas. Debemos saber qué queremos y por qué lo queremos, para poder tomar decisiones informadas y efectivas que nos acerquen a nuestros objetivos.

Además, es importante tener en cuenta que la vida que merecemos no siempre llegará fácilmente. Es posible que tengamos que enfrentar obstáculos y desafíos en el camino hacia nuestros sueños. Pero si mantenemos nuestra determinación y compromiso, podremos superar estos obstáculos y alcanzar la vida que merecemos.

La primera decisión que debemos tomar es comprometernos con nosotros mismos y con nuestra vida. Debemos tener claridad en nuestros objetivos y trabajar con determinación y perseverancia para alcanzarlos, a pesar de los obstáculos que puedan presentarse en el camino.

CAPÍTULO 8:

COMIENZA A PENSAR DE LA FORMA CORRECTA

Uno de los mayores obstáculos para alcanzar el éxito y convertirse en millonario es el pensamiento negativo y limitante. Si quieres tener éxito, es crucial que comiences a pensar de la forma correcta. En este capítulo, discutiremos algunas estrategias para ayudarte a desarrollar una mentalidad positiva y proactiva.

1. Visualiza tus metas: La visualización es una técnica poderosa que puede ayudarte a alcanzar tus metas. Dedica tiempo cada día a visualizar tus objetivos con detalle. Imagina que ya has alcanzado tus metas y siente la emoción y la satisfacción que conlleva. Esto te ayudará a mantener el enfoque y la motivación.

2. Rodéate de personas positivas: Las personas con las que pasas tiempo pueden tener un gran impacto en tu mentalidad. Busca amigos y colegas que tengan una actitud positiva y que te apoyen en tus objetivos. Evita a las personas negativas y tóxicas que te arrastran hacia abajo.

3. Desafía tus pensamientos negativos: Todos tenemos pensamientos negativos de vez en cuando. Sin embargo, es importante que los desafíes y los reemplaces con pensamientos positivos. Si te encuentras pensando "no puedo hacer esto", cámbialo por "puedo hacer esto si me esfuerzo".

4. Aprende de los errores: Los errores son inevitables en el camino hacia el éxito. En lugar de permitir que los errores te desanimen, utilízalos como oportunidades para aprender

y crecer. Analiza lo que salió mal y cómo puedes hacerlo mejor la próxima vez.

5. Mantén una mentalidad de crecimiento: Una mentalidad de crecimiento significa que crees que puedes mejorar y desarrollarte continuamente. Cree en tu capacidad para aprender nuevas habilidades y conocimientos, y no te limites a ti mismo con pensamientos negativos y auto limitantes.

6. Sé agradecido: La gratitud es una herramienta poderosa para mantener una mentalidad positiva. Toma tiempo cada día para reflexionar sobre las cosas por las que estás agradecido, incluso las cosas pequeñas. Esto te ayudará a mantener una perspectiva positiva y a apreciar las cosas buenas de la vida.

Al desarrollar una mentalidad positiva y proactiva, estarás en el camino correcto para alcanzar el éxito y convertirte en millonario. Recuerda que tus pensamientos y actitudes tienen un impacto en tu vida, así que trabaja constantemente para mejorar tu mentalidad y enfocarte en tus objetivos.

Todo comienza con tu mentalidad, una mentalidad prospera es una energía de alta vibración que atrae hacia ti nuevas circunstancias.

Esta afirmación es más que un simple dicho: es una verdad universal que ha sido respaldada por expertos en diversas áreas del conocimiento, desde la psicología hasta la física cuántica. Tu mentalidad es el punto de partida para todo lo que quieres lograr en la vida, y una mentalidad próspera es una energía de alta vibración que atrae hacia ti nuevas circunstancias.

¿Qué significa tener una mentalidad próspera? En términos generales, se trata de una mentalidad enfocada en el éxito, la prosperidad y el crecimiento. Una persona con una mentalidad próspera cree que puede lograr lo que se propone y está dispuesta a trabajar duro para alcanzar sus objetivos. Esta mentalidad está estrechamente relacionada con la ley de la atracción, que sostiene que atraemos hacia nosotros aquello en lo que enfocamos nuestra atención y energía.

En la física cuántica, se ha demostrado que todo en el universo está hecho de energía. Cada pensamiento, emoción y acción que tomamos emite una energía que puede tener una frecuencia alta o baja. Una mentalidad próspera emite una energía de alta vibración que atrae hacia ti circunstancias y oportunidades igualmente de alta vibración.

Por otro lado, una mentalidad negativa y auto limitante emite una energía de baja vibración que atrae hacia ti circunstancias y experiencias de baja vibración. Si piensas constantemente en lo que no tienes o en lo que te falta, es probable que te sientas estancado y que te cueste avanzar. En cambio, si te enfocas en lo que sí tienes y en lo que quieres lograr, estarás emitiendo una energía de alta vibración que atraerá hacia ti nuevas oportunidades y experiencias positivas.

En resumen, tener una mentalidad próspera es fundamental si quieres alcanzar el éxito y la prosperidad en la vida. Al enfocarte en el éxito y la prosperidad, estarás emitiendo una energía de alta vibración que atraerá hacia ti nuevas circunstancias y oportunidades. Por el contrario, una mentalidad negativa y autolimitante puede impedir tu progreso y hacerte sentir estancado. Recuerda que tú tienes el poder de elegir qué tipo de energía quieres emitir y qué tipo de circunstancias quieres atraer hacia ti.

Tener una mentalidad orientada hacia la riqueza y la prosperidad es fundamental si deseas lograr el éxito financiero y convertirte en un millonario. Una mentalidad enfocada en la riqueza y la prosperidad significa que piensas y actúas de manera que te acerca a tus objetivos financieros, y estás comprometido a lograr la libertad financiera y la independencia.

Una mentalidad orientada hacia la riqueza implica creer en la posibilidad de crear riqueza y abundancia en tu vida. Significa tener una actitud positiva y enfocada en el éxito, y estar dispuesto a tomar medidas concretas para lograr tus metas financieras. Además, implica la capacidad de visualizar tus metas financieras, imaginar cómo sería tu vida si ya hubieras alcanzado esos objetivos, y trabajar duro para hacerlos realidad.

Las personas con una mentalidad orientada hacia la riqueza no se centran en la falta de dinero, sino en la abundancia que pueden crear. Ven el dinero como una herramienta que les permite alcanzar sus metas y mejorar sus vidas, en lugar de un fin en sí mismo. En lugar de pensar en términos de escasez, se enfocan en la creación de oportunidades y la búsqueda de soluciones creativas para alcanzar sus objetivos financieros.

Además, tener una mentalidad orientada hacia la riqueza significa estar dispuesto a asumir riesgos y aceptar desafíos. Las personas con esta mentalidad saben que no pueden lograr el éxito financiero sin correr riesgos y salir de su zona de confort. Sin embargo, también entienden la importancia de tomar decisiones informadas y tener un plan de acción claro para minimizar los riesgos y maximizar las oportunidades.

En resumen, tener una mentalidad orientada hacia la riqueza y la prosperidad es fundamental si deseas alcanzar el éxito financiero y convertirte en un millonario. Esto implica creer en la posibilidad de crear riqueza y abundancia en tu vida, tener una actitud positiva y enfocada en el éxito, estar dispuesto a tomar medidas concretas para lograr tus metas financieras, y estar dispuesto a asumir riesgos y aceptar desafíos. Recuerda que tus pensamientos y actitudes tienen un gran impacto en tu capacidad para lograr el éxito financiero, así que asegúrate de tener una mentalidad orientada hacia la riqueza y la prosperidad.

Sigue estos consejos para que puedas desarrollar una mentalidad que te lleve a crear una riqueza poderosa, sigue estos pasos:

1. Evita la mentalidad de pobreza:

La mentalidad de pobreza es una forma de pensar que puede impedir que las personas alcancen su máximo potencial financiero. Esta mentalidad se caracteriza por la creencia de que no hay suficiente dinero para todos, la falta de confianza en la capacidad de uno mismo para generar riqueza, y la tendencia a centrarse en los obstáculos y limitaciones en lugar de en las oportunidades y soluciones.

- Es importante conocer las señales de la mentalidad de pobreza para poder evitar caer en ella. Aquí te presento algunas de las señales más comunes:

- Pensamiento en términos de escasez: Si tiendes a pensar que siempre hay una falta de dinero, tiempo o recursos, es posible que tengas una mentalidad de pobreza. En lugar de enfocarte en las posibilidades y oportunidades, te enfocas en las limitaciones y obstáculos.

- Creencia de que el dinero es la raíz de todos los males: Si crees que el dinero es la fuente de todos los problemas y el origen de la corrupción, es posible que tengas una mentalidad de pobreza. Esta creencia puede impedir que busques oportunidades para ganar dinero y mejorar tu situación financiera.

- Falta de confianza en la capacidad de uno mismo: Si no crees que tienes las habilidades o la capacidad para generar riqueza, es posible que tengas una mentalidad de pobreza. Esta falta de confianza puede impedir que tomes riesgos y que busques oportunidades para mejorar tu situación financiera.

- Tendencia a compararte con otros: Si tiendes a compararte con otros y a sentir envidia de aquellos que tienen más éxito financiero, es posible que tengas una mentalidad de pobreza. En lugar de centrarte en tus propias metas y objetivos financieros, te enfocas en lo que otros tienen y en lo que te falta.

- Miedo a gastar dinero: Si tienes miedo de gastar dinero en ti mismo, en tu educación o en oportunidades que puedan ayudarte a mejorar tu situación financiera, es posible que tengas una mentalidad de pobreza. Esta mentalidad puede impedir que inviertas en ti mismo y en tu futuro financiero.

En resumen, la mentalidad de pobreza puede impedir que las personas alcancen su máximo potencial financiero. Es importante conocer las señales de esta mentalidad para poder evitar caer en ella. Al enfocarte en las oportunidades y en tus propios objetivos financieros, y al tener confianza en tu capacidad para generar riqueza, puedes evitar la mentalidad de pobreza y lograr el éxito financiero.

2. Empieza a crear fuentes de ingresos extras:

Crear ingresos extras no solo es importante para mejorar tu situación financiera, sino que también puede tener un impacto significativo en tu desarrollo personal y en la búsqueda de la riqueza.

Cuando te involucras en la creación de fuentes de ingresos extras, estás asumiendo la responsabilidad de tu propia prosperidad. Estás tomando el control de tu situación financiera y haciendo algo para mejorarla. Este enfoque te ayuda a desarrollar una mentalidad emprendedora y a tomar medidas para alcanzar tus metas.

Además, cuando tienes ingresos extras, tienes más libertad financiera. Puedes tomar decisiones más informadas y tener más opciones en cuanto a cómo gastar tu dinero. Esto puede ayudarte a vivir la vida que deseas y a alcanzar tus objetivos financieros más rápidamente.

Crear fuentes de ingresos extras también puede ser una forma de encontrar nuevas oportunidades y de desarrollar habilidades nuevas o existentes. Al involucrarte en diferentes áreas, puedes aprender más sobre diferentes industrias, mejorar tus habilidades y ampliar tu red de contactos. Todo esto puede ayudarte a encontrar nuevas oportunidades y a avanzar en tu carrera o en tus negocios.

Finalmente, al tener más ingresos, también puedes invertir en ti mismo. Puedes tomar cursos, asistir a conferencias, contratar a un mentor o buscar otras formas de mejorar tus habilidades y conocimientos. Esto puede ayudarte a mejorar tu carrera o a hacer crecer tu negocio, y también puede tener un impacto positivo en tu vida personal.

En resumen, crear fuentes de ingresos extras es importante para el desarrollo personal y para la búsqueda de la riqueza. Te ayuda a tomar el control de tu situación financiera, a tener más libertad y opciones, a encontrar nuevas oportunidades, a desarrollar habilidades nuevas o existentes y a invertir en ti mismo. Si bien puede requerir esfuerzo y dedicación, los beneficios pueden ser significativos y duraderos.

3. Deja de culpar a otros:

Es común que cuando las cosas no van bien en nuestra vida, culparemos a alguien más por nuestros problemas. Podemos culpar a nuestros padres, a nuestro jefe, a nuestros amigos, a nuestra pareja, a las circunstancias, y la lista sigue. Pero la verdad es que mientras sigamos culpando a otros por nuestras dificultades, nunca podremos tomar el control de nuestras vidas y alcanzar el éxito que deseamos.

La clave para superar esta mentalidad es asumir la responsabilidad de nuestras propias vidas. Tenemos que reconocer que somos los únicos responsables de nuestras acciones y resultados. Podemos elegir cómo reaccionar ante las situaciones, cómo manejar los obstáculos y cómo avanzar en nuestras metas.

Un buen ejemplo de esto es el empresario multimillonario Tony Robbins. En su libro "Poder sin límites", Robbins comparte su propia historia de vida y cómo pasó de ser un joven pobre y sin hogar a convertirse en uno de los oradores más influyentes y exitosos del mundo. A pesar de haber crecido en una situación difícil y haber enfrentado muchos desafíos en su vida, Robbins se negó a culpar a otros por su situación y en su lugar, decidió tomar el control de su vida y trabajar duro para alcanzar sus metas.

Otro ejemplo es el actor Will Smith, quien habla abiertamente sobre cómo decidió tomar la responsabilidad de su propia vida después de haber experimentado una serie de fracasos en su carrera. En una entrevista, Smith dijo: "En algún momento de tu vida, tendrás que pararte y decir 'Soy quien soy hoy por las decisiones que tomé ayer'. Si quieres ser exitoso, tienes que asumir la responsabilidad por dónde estás ahora y dónde quieres estar".

En conclusión, dejar de culpar a otros es esencial si queremos alcanzar el éxito y la felicidad en nuestras vidas. Debemos tomar la responsabilidad de nuestras acciones y decisiones y ser conscientes de que somos los únicos responsables de nuestro propio éxito. Al seguir los ejemplos de personas exitosas como Tony Robbins y Will Smith, podemos adoptar una mentalidad más positiva y enfocarnos en alcanzar nuestras metas en lugar de culpar a otros por nuestras dificultades.

¿Buscas a alguien a quien culpar cuando algo va mal con tus finanzas?

Es común que cuando algo va mal con nuestras finanzas, busquemos a alguien a quien culpar en lugar de asumir la responsabilidad de nuestras propias decisiones financieras. Esto puede ser un comportamiento perjudicial y limitante que puede impedirnos avanzar hacia una vida financiera próspera y exitosa.

Por ejemplo, podemos culpar a nuestro jefe por no pagarnos lo suficiente, a nuestros padres por no haber nos enseñada educación financiera, a nuestros amigos por gastar demasiado dinero en actividades sociales, o incluso a la economía global por los problemas financieros que enfrentamos. Pero culpar a otros por nuestros problemas financieros no solucionará el problema, y en cambio, puede hacer que nos sintamos indefensos y sin control sobre nuestras finanzas.

En lugar de buscar a alguien a quien culpar, es importante asumir la responsabilidad de nuestras decisiones financieras y trabajar para mejorar nuestra situación financiera. Esto puede incluir aprender más sobre finanzas personales, hacer cambios en nuestro presupuesto, ahorrar más dinero, reducir nuestros gastos y explorar nuevas fuentes de ingresos.

Al tomar la responsabilidad de nuestras finanzas, podemos sentirnos más empoderados y tener una mayor sensación de control sobre nuestra vida financiera. También podemos adoptar una mentalidad más positiva y enfocada en soluciones, lo que puede ayudarnos a tomar decisiones financieras más acertadas y alcanzar nuestras metas financieras a largo plazo.

¿O tal vez sientes que estarías en una mejor situación si las circunstancias hubiesen sido diferentes?

Es común que muchas personas sientan que estarían en una mejor situación financiera si las circunstancias hubieran sido diferentes, como haber nacido en una familia más rica o haber tenido acceso a mejores oportunidades educativas o laborales. Sin embargo, culpar a las circunstancias por nuestras dificultades financieras también puede ser un comportamiento limitante que nos impide tomar el control de nuestras propias decisiones financieras.

En lugar de enfocarnos en lo que no tenemos o en lo que nos gustaría que fuera diferente, es importante enfocarnos en lo que sí podemos controlar. Podemos tomar la responsabilidad de nuestras propias decisiones financieras, aprender más sobre finanzas personales, hacer cambios positivos en nuestro comportamiento financiero y buscar nuevas oportunidades para mejorar nuestra situación financiera.

Al tomar el control de nuestras finanzas de esta manera, podemos crear nuevas oportunidades y abrir nuevas puertas para nosotros mismos, independientemente de las circunstancias en las que nos encontremos. Al dejar de culpar a las circunstancias y enfocarnos en lo que sí podemos controlar, podemos adoptar una mentalidad más positiva y enfocada en soluciones, lo que puede ayudarnos a tomar decisiones financieras más acertadas y alcanzar nuestras metas financieras a largo plazo.

Tus pensamientos pueden impulsarte hacia adelante o mantenerte atrapado. Nuestros pensamientos tienen un gran impacto en nuestra vida financiera y pueden impulsarnos hacia adelante o mantenernos atrapados. Si nos enfocamos en pensamientos negativos y limitantes, como la creencia de que nunca tendremos suficiente dinero o que no podemos lograr el éxito financiero, es más probable que nos sintamos desmotivados y desalentados en nuestras finanzas.

Por otro lado, si cultivamos una mentalidad positiva y enfocada en soluciones, podemos sentirnos más motivados y enérgicos para tomar medidas positivas en nuestras finanzas. Si creemos en nuestro propio potencial y en nuestra capacidad de lograr el éxito financiero, es más probable que estemos dispuestos a asumir riesgos y a tomar medidas importantes para alcanzar nuestras metas financieras.

Por ejemplo, si creemos que podemos aprender más sobre finanzas personales y adoptar hábitos financieros saludables, es más probable que busquemos recursos educativos, como libros, podcasts y cursos en línea, para mejorar nuestro conocimiento financiero. Si creemos que podemos encontrar nuevas oportunidades para aumentar nuestros ingresos, es más probable que busquemos trabajo adicional o comencemos nuestro propio negocio.

En última instancia, nuestros pensamientos y creencias pueden tener un gran impacto en nuestra vida financiera. Si adoptamos una mentalidad positiva y enfocada en soluciones, podemos impulsarnos hacia adelante y alcanzar nuestras metas financieras a largo plazo. Si nos enfocamos en pensamientos negativos y limitantes, es más probable que nos quedemos atrapados en nuestra situación financiera actual.

4. Cambia tus pensamientos, deja de ver lo negativo en tu vida y ve todo lo bueno y positivo que tienes.

Nuestros pensamientos tienen un gran impacto en nuestras vidas, y pueden impulsarnos hacia adelante o mantenernos atrapados en patrones de pensamiento negativos. Si queremos lograr la libertad financiera, es esencial cambiar nuestros pensamientos y enfocarnos en lo positivo en lugar de lo negativo.

En lugar de centrarnos en lo que no tenemos o en lo que nos falta, es importante centrarnos en lo que sí tenemos y en lo que podemos lograr. Es fácil caer en patrones de pensamiento negativos, especialmente cuando nos enfrentamos a dificultades financieras o personales. Pero si aprendemos a cambiar nuestra perspectiva y ver lo positivo en nuestra vida, podemos sentirnos más motivados y entusiasmados para trabajar hacia nuestras metas.

Por ejemplo, en lugar de centrarnos en lo que no tenemos en términos de dinero o posesiones, podemos centrarnos en lo que sí tenemos, como nuestra salud, nuestra familia y amigos, nuestro trabajo y nuestras habilidades. Al enfocarnos en lo positivo, podemos sentirnos más agradecidos y motivados para seguir adelante, incluso en tiempos difíciles.

También es importante cambiar nuestros pensamientos en torno al dinero y la riqueza. Muchas personas asocian el dinero con emociones negativas, como la codicia o el egoísmo, lo que puede impedirles lograr la libertad financiera. En lugar de ver el dinero como algo malo, es importante verlo como una herramienta que puede ayudarnos a lograr nuestras metas y a tener un impacto positivo en el mundo.

Al cambiar nuestros pensamientos y enfocarnos en lo positivo en lugar de lo negativo, podemos crear una mentalidad de abundancia y prosperidad que nos impulse hacia adelante en nuestra búsqueda de la libertad financiera. Además, esto puede tener un impacto positivo en otras áreas de nuestras vidas, como nuestras relaciones interpersonales y nuestra salud mental y emocional.

En resumen, es esencial cambiar nuestros pensamientos y enfocarnos en lo positivo si queremos lograr la libertad financiera. Al ver lo bueno en nuestra vida y en nosotros mismos, podemos sentirnos más motivados y empoderados para tomar medidas positivas en nuestras finanzas y en todas las áreas de nuestras vidas.

5. El secreto de los millonarios

El secreto de los millonarios no es algo mágico o inalcanzable, sino una combinación de hábitos, mentalidad y acciones que los diferencian del resto de las personas. En primer lugar, los millonarios suelen tener una mentalidad enfocada en el crecimiento y la prosperidad, en lugar de centrarse en la escasez o en las limitaciones.

Además, los millonarios suelen tener hábitos financieros saludables, como vivir por debajo de sus medios, invertir sabiamente y planificar a largo plazo. Esto les permite tener un mayor control sobre sus finanzas y hacer crecer su patrimonio de manera consistente.

Otro factor importante en la construcción de la riqueza es la capacidad de tomar riesgos calculados. Los millonarios no temen tomar riesgos cuando ven una oportunidad valiosa, pero siempre lo hacen después de investigar y evaluar cuidadosamente los riesgos y las recompensas potenciales.

También es importante destacar que los millonarios no tienen miedo de fracasar. De hecho, muchos millonarios han fracasado muchas veces antes de lograr el éxito. Pero lo que los diferencia de otros es su capacidad de aprender de sus errores y seguir adelante, en lugar de darse por vencidos.

Otro hábito común entre los millonarios es el de invertir en su educación y en su desarrollo personal y profesional. Ya sea a través de la lectura de libros, asistir a seminarios o contratar a un mentor, los millonarios buscan constantemente aprender y crecer para mejorar sus habilidades y oportunidades de negocio.

Finalmente, otro factor clave en la construcción de la riqueza es la capacidad de construir relaciones sólidas y de calidad. Los millonarios saben que no pueden hacerlo todo por sí mismos, por lo que construyen redes de apoyo y colaboración con personas en las que confían y respetan.

En resumen, el secreto de los millonarios no es un secreto en absoluto, sino una combinación de mentalidad, hábitos, acciones y relaciones que les permiten crear riqueza y prosperidad. Al adoptar estos hábitos y mentalidad, cualquier persona puede mejorar sus oportunidades financieras y avanzar en su camino hacia la libertad financiera.

En realidad, no hay nada que impida que alguien tenga éxito. En la mayoría de los casos, los límites y obstáculos que enfrentamos son creados por nosotros mismos. Estos límites pueden estar relacionados con nuestra mentalidad, nuestro comportamiento o nuestras circunstancias.

Una mentalidad negativa o limitante es uno de los principales obstáculos que impiden que las personas tengan éxito. Las creencias limitantes pueden hacer que alguien piense que no es lo suficientemente bueno, lo suficientemente inteligente o lo suficientemente talentoso para alcanzar el éxito. Esta mentalidad negativa puede hacer que una persona se desanime y no intente alcanzar sus metas.

Otro factor que puede impedir el éxito es la falta de acción. Es posible que alguien tenga grandes ideas y planes, pero si no toma medidas para llevarlos a cabo, nunca alcanzará el éxito. El miedo al fracaso o la falta de confianza pueden detener a alguien antes de siquiera intentarlo.

Además, las circunstancias de la vida también pueden ser un obstáculo para el éxito. Es posible que alguien haya crecido en un entorno desfavorecido o que haya enfrentado desafíos financieros o de salud. Sin embargo, estas circunstancias no tienen por qué impedir que alguien tenga éxito. Con la actitud y los esfuerzos adecuados, cualquier persona puede superar estos obstáculos y alcanzar el éxito.

En resumen, no hay nada que impida que alguien tenga éxito si tiene la mentalidad correcta, toma medidas para llevar a cabo sus planes y supera cualquier obstáculo que pueda enfrentar. Es importante recordar que el éxito no llega de la noche a la mañana y puede requerir mucho trabajo y esfuerzo, pero siempre es posible si se mantiene una actitud positiva y se trabaja duro para alcanzar las metas.

TEXTO FINAL

En conclusión, el éxito financiero y personal es posible para todos aquellos que estén dispuestos a trabajar duro, establecer metas claras, y mantener una mentalidad positiva. Es importante dejar de culpar a otros por nuestras circunstancias y en su lugar, tomar la responsabilidad de nuestras propias vidas y finanzas. También es vital creer en nosotros mismos, superar las creencias limitantes y crear fuentes de ingreso extras para acelerar el camino hacia el éxito.

Para aquellos que buscan superarse a sí mismos y alcanzar el éxito, se les invita a tomar medidas y hacer cambios en su vida. Esto puede incluir la lectura de libros de autoayuda, la asistencia a cursos de educación financiera, o la búsqueda de mentores que puedan guiarlos en su camino. En última instancia, el éxito depende de la determinación y la voluntad de las personas para perseverar a pesar de los obstáculos y trabajar duro para lograr sus objetivos. ¡No te conformes, lucha por tus sueños, no te rindas, tú puedes y estás a tiempo de vivir la vida que deseas!

ACERCA DEL AUTOR

Luis Eduardo González Loaiza es un empresario, escritor y orador nacido en Jericó, Antioquia. Desde joven ha sido un emprendedor y ha buscado siempre la manera de alcanzar el éxito en su vida personal y profesional. Ha incursionado en diversos campos, incluyendo el mundo de los negocios, la escritura y la motivación.

En su carrera empresarial, González Loaiza ha sido un líder visionario, fundando y dirigiendo diversos negocios. Ha sido reconocido por su habilidad para detectar oportunidades de negocio y convertirlas en empresas exitosas.

Como escritor, Luis Eduardo González Loaiza ha decidido publicar este libro de autoayuda y superación personal, en los que comparte sus experiencias y conocimientos con el objetivo de inspirar y guiar a otros en su camino hacia el éxito. Sus libros abordan temas como la mentalidad positiva, la creación de riqueza y el desarrollo personal.